AF452826

FUNÉRAILLES

DE

M. VICTOR PORTEVIN

Discours de M. Renard

PRÉSIDENT DU TRIBUNAL CIVIL

Messieurs,

Au nom du Tribunal civil et des compagnies judiciaires qui se sont jointes à lui, je viens exprimer, en un suprême hommage, les sentiments de haute estime et d'entier dévouement que chacun de nous professait pour notre très honorable collègue. Si nous ne consultions que la modestie et la simplicité dont il ne se départait jamais, il faudrait se garder, même ici, de faire son éloge ; il ne le permettrait pas. Mais aujourd'hui la parole s'impose à la douleur, à l'amitié, à la confraternité.

Vous dirai-je cependant de M. Portevin quelque chose que vous ne pensiez vous-mêmes, messieurs ? Son existence était ouverte, et chacun pouvait lire dans son cœur. Aussi dans cette ville qu'il n'a jamais quittée, ses hauts mérites n'étaient inconnus à personne ; il a donné de grands exemples, et il ne compte que des amis.

C'est le plus précieux témoignage qui puisse être recueilli par un homme qui a été, à son heure, un homme politique. L'esprit de parti s'est tu, au seuil de cette demeure, parce que notre éminent collègue a été convaincu, sincère, en même temps qu'il a su allier deux vertus maîtresses, l'énergie et la modération.

Ce fut donc une chose heureuse pour la République que le dévouement qu'il lui apporta ; le citoyen s'est élevé en servant son pays ; le gouvernement, de son côté, a tiré gloire et profit du concours de l'honnête homme.

Messieurs du Tribunal, messieurs les Avocats et Avoués, messieurs les Juges de paix, notre digne collègue a porté la robe de chacune de ces compagnies. C'est un lien de plus entre nous. Il n'appartenait au Tribunal civil que depuis quelques années ; il a su cependant y marquer sa place à tout jamais. Admirablement préparé à l'exercice de ses dernières fonctions, guidé par une rare expérience, par une science profonde du Droit, par un esprit juridique d'une netteté et d'une sûreté remarquables, par une droiture absolue, M. Portevin a obtenu au Palais, dès le jour de son entrée dans la judicature, la grande confiance et l'autorité que, les uns et les autres, nous souhaitons pour nous-mêmes comme prix de nos efforts et de notre sollicitude.

La perte éprouvée par le corps judiciaire, pour l'administration de la justice, est donc bien sensible, et d'un autre côté chacun de nous, individuellement, regrettera profondément l'exquise aménité et la distinction d'esprit qui faisaient le charme des relations de M. Portevin.

Cher et bon collègue, en présence de vos enfants que vous chérissiez, en face de cette nombreuse et sympathique assemblée, le Palais de Justice de Reims vous salue : il vous apporte la solennelle affirmation de son respect, de son affection, de ses souvenirs ineffaçables.

Discours de M. le docteur Henrot

MAIRE DE REIMS

MESSIEURS,

Quoique depuis cinq ans M. Portevin n'appartînt plus au Conseil municipal, l'Administration ne saurait oublier que pendant dix ans il a été l'une des lumières et l'un des conseils les plus sûrs de cette assemblée ; elle ne saurait oublier qu'à deux reprises, pendant l'occupation allemande et après l'effondrement de l'ordre moral, il a tenu à la Mairie une place prépondérante dans les administrations de MM. Poulain et Diancourt.

Il y a quinze ans, alors que notre chère cité était encore entre les mains des Prussiens le gage de la rançon de la France, nous eûmes l'honneur de faire partie, avec MM. Portevin, Marteau, Diancourt et A. Auger, de l'Administration que présidait l'honorable M. Poulain.

Nous arrivions tous aux affaires pour la première fois, sans beaucoup d'expérience, mais avec beaucoup d'ardeur et de bonne volonté.

Les conseils d'un esprit aussi distingué, aussi droit, aussi ferme furent vite appréciés à leur valeur : sa science profonde du Droit, sa connaissance des hommes et des choses furent d'un grand secours dans l'étude si complexe des affaires d'une grande ville.

Il faut avoir vu M. Portevin à l'œuvre pour savoir avec quel soin, avec quelle persévérance il étudiait une affaire litigieuse ; son caractère était tellement imprégné de l'esprit de justice qu'il avait toujours peur de laisser un droit méconnu, ou d'abandonner à son adversaire un argument dont il pourrait tirer parti.

Cette conscience profonde, qui ne voulait rien laisser à l'imprévu, et qui lui dictait des résolutions inattaquables au point de vue du droit, le laissait quelquefois hésitant ; mais cette scrupuleuse hésitation, qui aurait pu être regrettable chez le chef de l'Administration municipale, devenait une qualité bien précieuse chez le premier adjoint.

La modestie de M. Portevin, sa bonhomie qu'il ne cherchait guère à dissimuler, ce besoin inné pour ainsi dire chez lui de vivre avec tous ses concitoyens dans les termes les plus cordiaux, l'éloignaient de tout rôle politique ; cependant il accepta, par pur dévouement, la candidature à la députation. Ce n'était pas l'ambition personnelle qui le poussait à briguer le grand honneur de représenter son pays, mais bien ce sentiment, cette persuasion que son honorabilité incontestée, que sa droiture pour ainsi dire proverbiale, que son républicanisme réfléchi et convaincu pourraient rallier de nouveaux adhérents à la République.

Nous ne voulons pas dire ce qu'a été M. Portevin pour les siens : l'esprit de famille était pour lui un véritable culte ; nous savons tous les attentions si touchantes qu'il prodiguait, il y a quelques mois à peine, à sa vieille mère, qui s'est éteinte presque en même temps que lui.

M. Portevin a toujours été un ardent partisan de l'instruction à tous les degrés, il en a donné des preuves bien fréquentes au Conseil d'administration du Lycée et comme délégué cantonal ; il estimait que le plus riche, que le meilleur patrimoine qu'il pouvait laisser à ses enfants, c'était une instruction solide ; aussi, pendant toute sa vie, il n'a cessé d'apporter la plus vive sollicitude à leur éducation ; on peut dire qu'à ce point de vue, il a été largement récompensé.

La réalisation de cet idéal si longtemps poursuivi sera pour sa veuve un soutien et une consolation.

Nous ne pouvons, Messieurs, voir disparaître un citoyen aussi dévoué, aussi digne, aussi désintéressé, un républicain aussi sincère, sans lui adresser au nom de la Ville à laquelle il a consacré une grande partie de sa vie, un souvenir ému et reconnaissant.

Mon cher collègue, mon cher Portevin, adieu.

Discours de M. Neveux

PRÉSIDENT DU CONSEIL D'ADMINISTRATION DES HOSPICES

MESSIEURS,

La Commission administrative des Hospices perd dans M. Portevin l'un de ses membres les plus actifs, les plus utiles et les plus dévoués.

Très assidu à ses réunions, il nous apportait le précieux concours de son expérience de juriste et d'administrateur.

Sa grande habitude des affaires et son merveilleux jugement éclairaient nos discussions et traçaient rapidement la solution à suivre dans nos questions les plus ardues.

Son aménité, son esprit conciliant et sa grande modération lui avaient conquis parmi nous l'affection que lui accordaient naturellement tous ceux qui l'approchaient, soit dans les conseils de la cité, soit au sein du tribunal.

Pour nous, il était un guide infaillible et aimé. Nous le considérions comme un maître et un ami.

Il se plaisait, au surplus, dans ses modestes fonctions d'administrateur des Hospices, et y trouvait l'occasion de se consacrer tout entier au service des pauvres et de faire briller sa bonté d'âme, son désintéressement et toutes ses rares qualités qui rendaient son commerce si précieux et si sûr.

M. Portevin vient de s'éteindre presque subitement, après quelques jours de maladie, et il ne nous reste plus qu'à déplorer sa mort.

Nous subissons un deuil cruel en voyant disparaître ce maître vénéré, cet excellent ami, ce collaborateur généreux et infatigable dont il nous a été donné d'apprécier pendant de nombreuses années la belle intelligence et les délicatesses de cœur.

Nous ne pouvons quitter sa tombe sans exprimer publiquement toute notre douleur et sans nous associer ouvertement à tous les sentiments de regrets que cause à chacun de nos concitoyens la perte de cet homme de bien, de cette nature d'élite.

——✳——

Discours de M. Roze

AU NOM DE L'ASSOCIATION AMICALE DES ANCIENS ÉLÈVES DU LYCÉE

MESSIEURS,

C'est profondément ému que je viens, au nom de l'Association amicale des anciens élèves du Lycée de Reims, adresser un dernier adieu à M. Portevin, vice-président de notre association.

Le coup qui nous frappe est doublement cruel : il y a quelques jours, c'était le président de l'Association, l'illustre M. Jamin, membre de l'Institut, secrétaire perpétuel de l'Académie des sciences, qui succombait, après une longue et douloureuse maladie ; aujourd'hui c'est notre vice-président, si distingué à tant de titres, qui est enlevé à nos sympathies avec une rapidité qui bouleverse nos cœurs.

Les orateurs autorisés que vous venez d'entendre ont dit ce qu'a été M. Portevin dans les carrières qu'il a parcourues, et dans les diverses fonctions administratives où l'ont appelé la confiance et l'estime de ses concitoyens.

Partout M. Portevin s'est fait remarquer par les qualités les plus précieuses, et ce sont de justes hommages que nous venons déposer sur cette tombe.

L'Association amicale fait une bien grande perte, car je puis le dire, si M. Portevin en a été un des fondateurs, il en était resté l'âme.

Parmi les titres qui ont honoré sa vie, il n'en était pas qui lui fussent plus chers que ceux de membre du bureau d'administration de notre grand Lycée, et de vice-président de cette Association amicale, dans laquelle sa bienveillance trouvait toujours à s'exercer. La présidence de l'Association lui revenait de droit. Il eût été heureux de succéder à M. Lenain, le premier président de l'Association, décédé conseiller honoraire de la Cour d'appel de Paris; à M. Mennesson-Tonnellier, digne et sympathique Rémois dont le souvenir vit encore dans bien des cœurs; à M. Jamin, ce savant aimable, cet éloquent vulgarisateur de la science, que le monde savant accompagnait il a quelques jours au champ du repos.

Oui, il eût été fier de ce titre, comme il l'était de sa fonction de membre du bureau d'administration du Lycée qu'il exerça avec l'exactitude la plus parfaite pendant nombre d'années, et c'est à juste titre qu'il reçut les palmes d'officier d'Académie.

Il aimait les jeunes pour lesquels sa douceur, sa bienveillance avaient un charme d'attraction; il était heureux de leur succès, il aimait son vieux Lycée, et, chaque année, c'était avec une véritable joie qu'il représentait l'Association au banquet de la Saint-Charlemagne.

Beaucoup n'oublieront pas les improvisations pleines d'à-propos et d'esprit avec lesquelles il saluait l'avenir de nos jeunes camarades.

Maintenant tout est fini, notre bien-aimé vice-président nous est enlevé; nous lui adressons l'expression unanime de notre profond chagrin.

Adieu, cher camarade, adieu!

Extrait de l'*Indépendant Rémois* du 4 Mars 1886.

Nous venons d'avoir la douleur de perdre un de nos concitoyens les plus estimés : M. Charles-Victor-Emile-Barthélemy Portevin, ancien avoué, est mort le 3 mars, à 3 heures de l'après-midi.

M. Portevin est né à Champillon (Marne), le 4 décembre 1821 ; il a succombé à une congestion pulmonaire et était malade seulement depuis peu de jours. Hier même à 11 heures, il apposait sa signature à des documents judiciaires. Rien ne faisait prévoir ce prompt et fatal dénouement.

Lorsque vers quatre heures la triste nouvelle parvint au Palais de Justice, le président de la police correctionnelle, — le seul tribunal qui siégeât, — suspendit la séance, et ces messieurs, accompagnés des membres du parquet, allèrent présenter leurs douloureuses condoléances à la famille.

M. V. Portevin avait été élu conseiller municipal dès 1870, fonction qu'il occupa jusqu'en 1880.

Il fut réélu conseiller en avril 1871 et nommé adjoint le 14 mai de la même année. Réélu le 29 novembre 1874, puis en mars 1878, il fut premier adjoint jusqu'en 1880.

Nommé juge au tribunal civil à cette époque, il dut donner sa démission, et il vient de s'éteindre presque subitement, sans avoir interrompu même pour un jour les travaux de sa charge qu'il remplissait avec tant de zèle et de savoir.

La ville perd en M. V. Portevin l'un de ses citoyens les plus éclairés et les plus intègres. Il était obligeant à tous, d'une probité qu'on citait pour exemple ; homme du meilleur conseil et du commerce le plus sûr, il laisse derrière lui une famille qui marche sur ses traces et à l'irréparable douleur de laquelle prendra part la population tout entière.

———•O•———

Extrait de l'*Indépendant Rémois* du 6 Mars 1886.

Les obsèques du regretté M. V. Portevin, ont eu lieu hier matin. Une foule immense composait le cortége. Le tribunal civil, le parquet, les juges, les avoués en robe suivaient le corbillard.

Les coins du poêle étaient tenus par MM. Périnet, pour le Tribunal civil ; Vuébat, le parquet ; Duchâteau, pour MM. les avocats ; Hureau, MM. les avoués; Dr H. Henrot, maire, pour l'administration municipale; MM. le Dr Brébant, représentait le conseil d'arrondissement; Neveux, l'administration des Hospices ; Roze, pour les anciens élèves du Lycée de Reims.

Tous les autres corps constitués de la ville avaient envoyé des délégués qui étaient mêlés aux autres personnes composant l'imposant cortége. Jamais nous n'avons vu plus de monde à un convoi, jamais non plus la ville de Reims n'a rendu les honneurs derniers à un citoyen plus généralement respecté de toute la population, par les belles qualités de son caractère, son dévouement sans ostentation à la chose publique. La bienveillance était sa qualité maîtresse, celle qui laisse dans le cœur des populations autant que dans les rapports intimes les plus profonds et les plus durables souvenirs.

M. V. Portevin était juge au Tribunal civil, administrateur des Hospices, vice-président de l'Association amicale des anciens élèves du Lycée de Reims, ancien adjoint au maire de la ville.

Sur la tombe, quatre discours ont été prononcés. Nous les reproduisons, parce qu'ils rappellent, avec une grande sincérité voilée de modestie qui semble s'être inspirée du défunt, la vie du bon citoyen, *vir probus*, dont ils déplorent la perte.

M. Renard, président du Tribunal civil, a le premier pris la parole.

L'assemblée, profondément émue, s'est séparée après les discours.

L'assistance a beaucoup approuvé le tact et la réserve unis à la convenance, qui ont dicté au président du tribunal civil et à M. le Maire les paroles par lesquelles ils ont rappelé le côté politique chez M. Portevin.

Entre tous les autres, nous avons ici été placé au premier rang pour apprécier la sincérité de ce républicain convaincu. Il ne fallait pas attendre de cette nature, conciliante par dessus tout, modeste au possible, de cet homme qui s'était tenu toujours à l'écart, qu'il se transformât tout à coup, lorsque les nécessités du moment réclamèrent qu'il se mît en avant, en un bouillant politicien, apôtre improvisé de théories hasardées que l'expérience n'avait pas sanctionnées. Mais, dans la mesure de la sagesse, il était un républicain sincère et de vieille date ; il avait l'esprit libéral, et les saines aspirations démocratiques faisaient de lui un homme de progrès.

La cité réclama ses services ; il fit un violent effort pour vaincre sa modestie excessive et se mit sans réserve, avec un entier dévouement, à la disposition de ses concitoyens. Si ceux qui étaient le mieux placés pour le connaître surent apprécier l'étendue du sacrifice qu'il s'imposait, combien plus encore ne l'estimèrent-ils pas après que le hasard du scrutin lui eut été contraire.

Les péripéties d'une élection sont pleines de mécomptes et de déboires. Il n'en conserva pas le moindre ressentiment. Son heureux caractère n'en fut pas troublé, aucune de ses excellentes qualités n'en fut amoindrie. Il resta après ce qu'il était avant, un citoyen serviable et dévoué, qui ne refusa jamais les postes où le titulaire n'était pas en vue, bien qu'ils réclamassent de l'occupant le savoir, le travail et la pratique constante d'une probité impeccable.

Un fait minime, grand dans sa simplicité, nous revient en mémoire. Il peint l'excellent cœur de l'homme mieux que ne le ferait la plus éloquente apologie. C'était aux funérailles de M. le docteur Vincent, d'Ay, qui fut enterré à Mareuil. La municipalité de Reims, les principaux professeurs de l'Ecole de médecine, nos députés et d'autres personnes considérables furent, après la cérémonie, invités à déjeuner dans la maison la plus hospitalière de Mareuil, chez M. Jacques Bouché, ami du défunt.

On s'était mis à table et l'heure du premier train pour Reims vint surprendre les convives avant la fin du repas. Un autre train partait deux heures plus tard, mais quelques-uns voulaient profiter du premier train.

La dame de la maison, avec une bonne grâce charmante, retint ses invités. Mais M. Portevin insista.

— Madame, dit-il tout bas, j'ai deux accusés dans la prison de Reims qui, certainement, ne sont pas coupables. Si je demeure ici deux heures encore, je ne pourrai signer leurs papiers, ils seront forcés de rester en prison une journée de plus. Ce serait inhumain. Excusez-moi, je vous en prie.

Et il nous quitta.

N'est-ce pas là un beau trait et qui peint l'homme tout entier ?

Aussi M. le président du tribunal civil a-t-il trouvé un écho unanime lorsqu'il s'adressa à cette foule qui entourait la tombe de notre cher concitoyen : « Vous dirai-je

» de M. Portevin quelque chose que vous ne pensiez vous-
» mêmes? Son existence était ouverte et chacun pouvait
» lire dans son cœur. »

A. MAURICE.

———◎———

Extrait du *Courrier de la Champagne* du 4 Mars 1886.

Hier mercredi, dans l'après-midi, le bruit de la mort de M. Victor Portevin, juge au Tribunal civil, se répandait en ville. Notre honorable concitoyen venait en effet de succomber à une congestion pulmonaire, après dix jours seulement de maladie. Le matin même, il donnait encore des signatures. Il était né à Champillon, canton d'Ay, le 4 décembre 1821.

Ancien élève du Lycée de Reims, M. V. Portevin exerça parmi nous, durant de longues années — du 4 avril 1850 au 9 mars 1877 — les honorables et délicates fonctions d'avoué. Loyal et conciliant, il s'était fort justement acquis l'estime et la considération du monde judiciaire et des personnes qui remettaient entre ses mains le soin de leurs intérêts.

Entré au Conseil municipal en 1870, M. Portevin fut nommé adjoint au Maire en 1871.

Par dévouement à son parti, il consentit plus tard à se laisser porter comme candidat à la députation. Nul n'a songé alors — nous moins que personne — à lui faire reproche de son ambition. Sa bonté native le condamnait au sacrifice. D'autres, plus fins et moins estimés, ont vu à la même époque s'élever l'étoile de leurs rêves et de leur fortune.

En 1881, M. Portevin entrait, comme juge, au Tribunal civil. Précédemment, il avait été suppléant de la Justice de paix et Conseiller d'arrondissement. Il était encore membre de la Commission des Hospices et Vice-Président de l'Association des anciens élèves du Lycée. Il suit de près dans la tombe M. Jamin, président de cette même Association.

Nous ne terminerons pas ces courtes notes biographiques sans rendre un nouvel hommage aux éminentes qualités d'esprit et de cœur qui distinguaient M. Portevin. Avec la plus grande vérité, l'on peut faire son éloge en deux mots : *transiit benefaciendo.* Nous avons souvent combattu en lui, avec toute la vigueur qui nous est propre, l'homme politique et les idées qu'il représentait; mais toujours nous nous sommes empressé de reconnaître qu'il n'était pas de ceux dont il est permis de suspecter le désintéressement et d'accuser la bonne foi.

La famille de M. Portevin est aujourd'hui cruellement frappée ; nous nous associons à sa douleur et lui adressons l'expression de nos sentiments de condoléance.

Reims. — Imp. Indép. Rémois. — J. Justinart.